海上絲綢之路基本文獻叢書

岳陽風土記
吴船録
日本記游

〔宋〕范致明 撰／〔宋〕范成大 撰／〔清〕李筱圃 撰

文物出版社

圖書在版編目（CIP）數據

岳陽風土記 /（宋）范致明撰. 吴船録 /（宋）范成大撰. 日本記游 /（清）李筱圃撰. -- 北京 : 文物出版社, 2023.3
（海上絲綢之路基本文獻叢書）
ISBN 978-7-5010-7976-6

Ⅰ. ①岳… ②吴… ③日… Ⅱ. ①范… ②范… ③李… Ⅲ. ①岳陽－地方史－宋代②游記－中國－南宋③游記－日本 Ⅳ. ①K296.43 ②I264.42 ③K931.39

中國國家版本館 CIP 數據核字 (2023) 第 026267 號

海上絲綢之路基本文獻叢書

岳陽風土記・吴船録・日本記游

撰　　者：〔宋〕范致明　〔宋〕范成大　〔清〕李筱圃
策　　劃：盛世博閱（北京）文化有限責任公司

封面設計：鞏榮彪
責任編輯：劉永海
責任印製：張道奇

出版發行：文物出版社
社　　址：北京市東城區東直門内北小街 2 號樓
郵　　編：100007
網　　址：http://www.wenwu.com
經　　銷：新華書店
印　　刷：河北賽文印刷有限公司
開　　本：787mm×1092mm　1/16
印　　張：10
版　　次：2023 年 3 月第 1 版
印　　次：2023 年 3 月第 1 次印刷
書　　號：ISBN 978-7-5010-7976-6
定　　價：90.00 圓

總緒

海上絲綢之路，一般意義上是指從秦漢至鴉片戰争前中國與世界進行政治、經濟、文化交流的海上通道，主要分爲經由黄海、東海的海路最終抵達日本列島及朝鮮半島的東海航綫和以徐聞、合浦、廣州、泉州爲起點通往東南亞及印度洋地區的南海航綫。

在中國古代文獻中，最早、最詳細記載『海上絲綢之路』航綫的是東漢班固的《漢書·地理志》，詳細記載了西漢黄門譯長率領應募者入海『齎黄金雜繒而往』之事，書中所出現的地理記載與東南亞地區相關，并與實際的地理狀况基本相符。

東漢後，中國進入魏晋南北朝長達三百多年的分裂割據時期，絲路上的交往也走向低谷。這一時期的絲路交往，以法顯的西行最爲著名。法顯作爲從陸路西行到印度，再由海路回國的第一人，根據親身經歷所寫的《佛國記》（又稱《法顯傳》）一書，詳細介紹了古代中亞和印度、巴基斯坦、斯里蘭卡等地的歷史及風土人情，是瞭解和研究海陸絲綢之路的珍貴歷史資料。

隨着隋唐的統一，中國經濟重心的南移，中國與西方交通以海路爲主，海上絲綢之路進入大發展時期。廣州成爲唐朝最大的海外貿易中心，朝廷設立市舶司，專門管理海外貿易。唐代著名的地理學家賈耽（七三〇～八〇五年）的《皇華四達記》記載了從廣州通往阿拉伯地區的海上交通『廣州通海夷道』，詳述了從廣州港出發，經越南、馬來半島、蘇門答臘島至印度、錫蘭，直至波斯灣沿岸各國的航綫及沿途地區的方位、名稱、島礁、山川、民俗等。譯經大師義净西行求法，將沿途見聞寫成著作《大唐西域求法高僧傳》，詳細記載了海上絲綢之路的發展變化，是我們瞭解絲綢之路不可多得的第一手資料。

宋代的造船技術和航海技術顯著提高，指南針廣泛應用於航海，中國商船的遠航能力大大提升。北宋徐兢的《宣和奉使高麗圖經》詳細記述了船舶製造、海洋地理和往來航綫，是研究宋代海外交通史、中朝友好關係史、中朝經濟文化交流史的重要文獻。南宋趙汝适《諸蕃志》記載，南海有五十三個國家和地區與南宋通商貿易，形成了通往日本、高麗、東南亞、印度、波斯、阿拉伯等地的『海上絲綢之路』。宋代爲了加强商貿往來，於北宋神宗元豐三年（一〇八〇年）頒布了中國歷史上第一部海洋貿易管理條例《廣州市舶條法》，并稱爲宋代貿易管理的制度範本。

元朝在經濟上採用重商主義政策，鼓勵海外貿易，中國與世界的聯繫與交往非常頻繁，其中馬可·波羅、伊本·白圖泰等旅行家來到中國，留下了大量的旅行記，記録元代海上絲綢之路的盛況。元代的汪大淵兩次出海，撰寫出《島夷志略》一書，記録了二百多個國名和地名，其中不少首次見於中國著録，涉及的地理範圍東至菲律賓群島，西至非洲。這些都反映了元朝時中西經濟文化交流的豐富内容。

明、清政府先後多次實施海禁政策，海上絲綢之路的貿易逐漸衰落。但是從明永樂三年至明宣德八年的二十八年裏，鄭和率船隊七下西洋，先後到達的國家多達三十多個，在進行經貿交流的同時，也極大地促進了中外文化的交流，這些都詳見於《西洋蕃國志》《星槎勝覽》《瀛涯勝覽》等典籍中。

關於海上絲綢之路的文獻記述，除上述官員、學者、求法或傳教高僧以及旅行者的著作外，自《漢書》之後，歷代正史大都列有《地理志》《四夷傳》《西域傳》《外國傳》《蠻夷傳》《屬國傳》等篇章，加上唐宋以來衆多的典制類文獻、地方史志文獻，集中反映了歷代王朝對於周邊部族、政權以及西方世界的認識，都是關於海上絲綢之路的原始史料性文獻。

海上絲綢之路概念的形成，經歷了一個演變的過程。十九世紀七十年代德國地理學家費迪南·馮·李希霍芬（Ferdinad Von Richthofen，一八三三～一九〇五），在其《中國：親身旅行和研究成果》第三卷中首次把輸出中國絲綢的東西陸路稱爲『絲綢之路』。有『歐洲漢學泰斗』之稱的法國漢學家沙畹（Édouard Chavannes，一八六五～一九一八），在其一九〇三年著作的《西突厥史料》中提出『絲路有海陸兩道』，蘊涵了海上絲綢之路最初提法。迄今發現最早正式提出『海上絲綢之路』一詞的是日本考古學家三杉隆敏，他在一九六七年出版《中國瓷器之旅：探索海上的絲綢之路》中首次使用『海上絲綢之路』一詞；一九七九年三杉隆敏又出版了《海上絲綢之路》一書，其立意和出發點局限在東西方之間的陶瓷貿易與交流史。

二十世紀八十年代以來，在海外交通史研究中，『海上絲綢之路』一詞逐漸成爲中外學術界廣泛接受的概念。根據姚楠等人研究，饒宗頤先生是中國學者中最早提出『海上絲綢之路』的人，他的《海道之絲路與昆侖舶》正式提出『海上絲路』的稱謂。選堂先生評價海上絲綢之路是外交、貿易和文化交流作用的通道。此後，學者馮蔚然在一九七八年編寫的《航運史話》中，也使用了『海上絲綢之路』一詞，此書更多地限於航海活動領域的考察。一九八〇年北京大學陳炎教授提出『海上絲綢之路』研究，并於一九八一年發表《略論海上絲綢之路》一文。他對海上絲綢之路的理解超越以往，且帶有濃厚的愛國主義思想。陳炎教授之後，從事研究海上絲綢之路的學者越來越多，尤其沿海港口城市向聯合國申請海上絲綢之路非物質文化遺産活動，將海上絲綢之路研究推向新高潮。另外，國家把建設『絲綢之路經濟帶』和『二十一世紀海上絲綢之路』作爲對外發展方針，將這一學術課題提升爲國家願景的高度，使海上絲綢之路形成超越學術進入政經層面的熱潮。

與海上絲綢之路學的萬千氣象相對應，海上絲綢之路文獻的整理工作仍顯滯後，遠遠跟不上突飛猛進的研究進展。二〇一八年厦門大學、中山大學等單位聯合發起『海上絲綢之路文獻集成』專案，尚在醞釀當中。我們不揣淺陋，深入調查，廣泛搜集，將有關海上絲綢之路的原始史料文獻和研究文獻，分爲風俗物産、雜史筆記、海防海事、典章檔案等六個類别，彙編成《海上絲綢之路歷史文化叢書》，於二〇二〇年影印出版。此輯面市以來，深受各大圖書館及相關研究者好評。爲讓更多的讀者親近古籍文獻，我們遴選出前編中的菁華，彙編成《海上絲綢之路基本文獻叢書》，以單行本影印出版，以饗讀者，以期爲讀者展現出一幅幅中外經濟文化交流的精美畫卷，爲海上絲綢之路的研究提供歷史借鑒，爲『二十一世紀海上絲綢之路』倡議構想的實踐做好歷史的詮釋和注脚，從而達到『以史爲鑒』『古爲今用』的目的。

凡例

一、本編注重史料的珍稀性，從《海上絲綢之路歷史文化叢書》中遴選出菁華，擬出版數百册單行本。

二、本編所選之文獻，其編纂的年代下限至一九四九年。

三、本編排序無嚴格定式，所選之文獻篇幅以二百餘頁爲宜，以便讀者閱讀使用。

四、本編所選文獻，每種前皆注明版本、著者。

五、本編文獻皆爲影印，原始文本掃描之後經過修復處理，仍存原式，少數文獻由於原始底本欠佳，略有模糊之處，不影響閱讀使用。

六、本編原始底本非一時一地之出版物，原書裝幀、開本多有不同，本書彙編之後，統一爲十六開右翻本。

目録

岳陽風土記

岳陽風土記

一卷

〔宋〕范致明 撰

清順治《説郛》刻本

岳陽風土記

宋　范致明

岳州南鄰蒼梧之野古三苗國地又爲麋子國春秋文公十一年楚子伐麋卽此地也戰國末屬楚羅子國秦并天下爲長沙郡漢因之以爲要扼之地置戍以鎮之建安中吳使魯肅將兵萬人屯駐於此吳錄云晉分長沙之邑爲巴陵等縣置建昌郡在巴陵今州卽建昌郡也以陶侃鎮之後省入長沙至宋文帝又分其地置巴陵郡齊武帝永明二年封子子倫爲

岳陽風土記

巴陵王遂爲巴陵王國子倫爲明帝所害梁武帝封
齊明帝子保義爲巴陵王奉後以繼三恪元帝都荆
州立巴陵郡武帝末湘東王遣陸法和等據赤亭湖
即其地因以名之後平陳廢郡改爲巴陵縣煬帝元
年改爲玉州又改爲羅州三年又改爲巴陵縣唐武
德四年蕭銑置巴陵郡華容沅江及汨羅湘陰五縣
六年改爲岳州省羅縣天寶元載改爲巴陵縣乾元
元年復爲岳州至南唐遂爲周行逢所有隸武平軍
節度武平舊朗州今鼎州是也是時猶屬湖南皇朝

下荆南始隸湖北

巴陵荆湖二流之合劉備既定蜀孫權徃求荆州不得使魯肅以萬人屯之輿地誌云巴丘有大屯戍魯肅守之今郡城乃魯公所築也酈道元水經云巴陵山有湖水岸上有巴陵本吳之邸閣城也城郭殊隘迫所容不過數萬人而官舍民居在其内

州地客山高主山隱伏不甚利土人而僑居多興葺者俗謂之扁擔州

皇朝岳州領巴陵華容臨湘平江沅江五縣元豐末

鄂州通城縣隸岳州其後又以沅江隔湖割隸鼎州而通城復以還鄂今領四縣

岳州常賦之外與他州名額不同者茶籠竹箭篠[illegible]毛魚麴蘆蓀鐵葉窖竈

巴陵本下雋縣之丘漢書地理誌下雋縣屬長沙郡按今在鄂州蒲圻縣界此其地耳水經所謂本吳之巴丘邸閣城也晉平康元年立巴陵縣於此後置建昌郡宋元嘉十六年立巴陵郡城跨岡嶺濱阻三江蓋巴陵對長洲其洲南分湖浦東北屆大江故曰三

江也三水所會亦或謂之三江口夾洲列關亦謂之巴陵關江記言羿屠巴蛇於洞庭積其骨為陵淮南子曰斬蛇於洞庭今巴蛇冢在州院廳側巍然而高草木叢翳張燕公有登巴丘望墨山之詩兼有巴蛇廟在岳陽門內太守歐頡廢之

岳陽樓城西門樓也下瞰洞庭景物寬闊唐開元四年中書令張說除守此州每與才士登樓賦詩自爾名著其後太守於樓北百步復創樓名曰燕公樓

山海經言洞庭沅澧之交瀟湘之淵是為九江之門

按澧鼎沅湘合諸蠻黔南之水匯爲洞庭至巴陵與荆江合而東州據其上水經云湘水右會小青口資水也世謂之益陽江右則沅水注之謂之橫房口東到微湖世謂之靡湖西流注爲江謂之靡湖口左則澧水謂之武陵江凡此五水注爲洞庭北會爲大江名曰五渚戰國策曰秦與荆戰大破之襲郢取洞庭五渚楚辭帝子降兮北渚皆其地也

寰宇記云郡有青草洞庭巴丘二湖青草湖中有青草山冬春水　皆　也洞庭洞府之庭上有洞庭

湘君廟堂巴丘之名今不著青草湖在壘石山與洞庭相通其南羅水出焉故羅縣在其上其東汨水出焉下有潭謂之屈原潭屈原懷沙自溺之所忠潔侯三閭大夫廟在其上

樂史言大江在巴陵東北流入洞庭今洞庭水會于澧并江流入洞庭也荊江出巴蜀自高注下濁流洶湧夏秋暴漲則逆泛洞庭瀟湘清流頓皆混濁岳人謂之翻流水南至青草湖或三五月乃還俗云水神朝君山

岳陽井邑舊皆瀕江郡城西數百步屢年湖水漱齧今去城數十步即江岸父老相傳今江心舊闤闠也瀕江沙磧地尚有稅絹甚重云祖來宅稅今不曾除改北津舊去城角數百步今逼近石嘴蓋荆江日漱而南湘江日漱而東也

江西沙洲舊長洲今名鱘魚嘴昔傳有異人云嘴生過岳陽樓即出狀元岳陽樓舊岸有港名駐鶴港商人泊船於此地勝千石載今已湮沒如平陸不復通舟尾通君山後湖丁晉公南遷還岳陽見江西新生

洲云此洲生當有真人臨此此皇祐二年英宗以團練使鎮岳州及登寶位果符其說

岳陽樓上有呂先生留題云朝遊北越暮蒼梧袖裏青蛇膽氣麤三入岳陽人不識朗吟飛過洞庭湖今不見當時墨跡但有刻石耳先生名岩字洞賓河中府人唐禮部尚書渭之孫渭四子溫恭儉讓讓終海州刺史先生海州出也會昌中兩舉進士不第即有棲隱之志去遊廬山遇異人授劍術得長生不死之訣多遊湘潭鄂岳間或賣紙墨于市以混俗人莫之

岳陽風土記 九

識也慶曆中天章閣待制滕宗諒坐事謫守岳陽一日有刺謁云回巖客子京曰此呂洞賓也變易姓名爾召坐置酒高談劇飲佯若不知者密令畫工傳其狀貌既去來日使人復召之客舍主人曰先生半夜去矣留書以遺子京子京視之默然不知所言何事也今岳陽樓傳本狀貌清俊與俗本特異

楚澤門碧湘門舊甕城門也楚澤門經火不復完治今但有遺址

灉湖在州南春冬水涸昔人謂之乾湖水經謂之滃

湖秋夏水漲即渺瀰勝千石舟通閤子鎮

灉湖諸山舊出茶謂之灉湖茶李肇所謂岳州灉湖之含膏也唐人極重之見於篇什今人不甚種植惟白鶴僧園有千餘本土地頗類北苑所出茶一歲不過一二十兩土人謂之白鶴茶味極甘香非他處草茶可比竝茶園地色亦相類但土人不甚植爾

灉湖井唐人嘗稱甘水今荒穢不治汲者亦少當不逮昔也

魯將軍廟在會泉門外乃魯肅廟也孫權使肅守巴

所後人祀之

劉備既與肅畫湘爲界遂築地烏沙鎮對壘在州北六十里俗謂之金門劉備城

南樓陽公臺皆見岳陽詩咏今並無遺跡可踐或云楚澤門舊南樓也今廢

孟浩然洞庭詩有波撼岳陽城蓋城據湖東北湖面百里常多西南風夏秋水漲濤聲喧如萬鼓晝夜不息瀕齧城岸歲常傾頽滕子京待制欲爲偃虹隄以捍之計成而滕移郡後遂不果

江岸沙磧中有冶鐵數枚俗謂鐵枷重千斤古人鑄鐵如燕尾相向中有大竅徑尺許不知何用也或云以比壓勝辟蛟蜃之患或以爲可石疑其太重非舟人所能舉也或以爲樁本其內編以爲柵以禦風濤皆不可知

龍興觀故基在太平寺東舊有西閣爲登覽之勝見滕公詩咏皮日休陸龜蒙亦爲觀步之什今治平寺江路兩山間林木邃密故基存焉天禧中賜名天慶昔時觀名因而泯沒

白鶴老松古木精也李覿守賀州有道人陳某自云一百三十六歲因言及呂洞賓曰近在南嶽見之呂云過岳陽日憩城南古松陰有人自杪而下來相揖曰某非山精木魅故能識先生幸先生哀憐呂因與丹一粒贈之以詩呂舉以示陳陳記其末云惟有城南老樹精分明知道神仙過明日陳行留之不可後年餘李守岳陽因訪前事果城南有老松以問近寺僧曰先生舊題詩寺壁久已摧毀但能記其詩曰獨自行來獨自坐無限世人不識我惟有城南老樹精

分明知道神仙過後爲亭松前日過仙亭舊松樵槯今復鬱茂得非丹餌之力邪

隋末校尉董景珍率鄭文秀共立蕭銑爲梁後乃封景珍爲晉王文秀爲楚王今北廟董王廟南廟鄭王廟也圖經以鄭王廟爲巴陵令鄭德璘昔過洞庭君者非也海眼池在嶌州夾舊傳潛通江海今湖泥湮沒不復如昔

紫溪臺亦曰紫荆臺在灉湖上下有石高四尺曰紫溪石

南廟乃孝烈靈妃孝感矦廟秦武陵令羅君用因督鐵運溺水死其女挈弟尋父屍不獲遂相繼赴水死邦人哀而祀之謂之羅娘廟靈響寖著凡有舟楫往還祈之利涉後唐明宗天成二年丁亥湖南馬殷承制列姊在左弟在右元豐中始賜今封岳人禱祠無虛日舊在烏龜渡南祝者以爲不便託言神意遂移今廟按李瀕寄遠詩曰化石早曾聞節婦沈淵何必獨靈妃其意似與今聞差異

董景珍鄭文秀旣立蕭銑爲梁後築臺城南今失其

庭

權嘗有登岳陽樓雲夢亭夜登洞庭樓二詩今雲夢洞庭亭樓莫知其處

太平寺舊傳爲屈原宅蓋屈原被逐寓此

廣教寺後唐永安寺舊爲聖善寺故基昔呂雲卿遇江叟於聖善寺吹笛召洞庭諸龍卽其地也

金雞白石在船塲舊歩有金雞翔其上

剪刀池在郡城東北隅或云池中有鼎耳高數尺其卑容人往來上有識文善泅者常見之

靈妃廟有銅鼓元豐中永慶莊耕者得之圓口方耳下有方趺皆古篆雲雷文色正青綠形制精巧非近世所能爲也取置于寺太守李觀用耆舊之說以爲陸賈使南越嘗以銅鼓獻之於廟歲久失之意其必此遂移置廟中方移置時護持不謹因誤毀損今已不完或云聞初獲鼓時同獲銅鐸一枚以其完好輦致禮部今藏秘書省鼓以毀壞遂留永慶寺李觀之說似非其實

沈亞之作湘中怨云鄭子況爲岳陽太守因上巳日

攜家登岳陽樓下望鄂渚鄉追想汜人俄有所見聞汜人歌曰泝青山兮江之湄泳湖波兮裊綠裙意縈縈兮心莫舒舟中人亦歌非樓上之人所能辯

洞庭湖岸有石井二相去數百步俗號秦皇井其泉甚甘美

閣子湖本角子湖語訛以其在洞庭之角故謂之角子湖灘湖亦謂之閣子湖楊行密以木籠鎖舟之地或謂瀕湖地卑歲苦水患民多重屋以居故謂之閣子湖

湘州記云岳州有昭潭其下無底湘水最深處今岳州無昭潭昭潭自屬潭州

閣子鎮有隄曰白荊堤石壁潭在其下亦謂之釣絲潭其深莫測夏秋水漲一日之間或增或減土人以爲龍出入此潭其間多蛟蜃爲行旅之患滕子京作碑隄上戒往來者使陸行

啞潭在白荊隄側歲壞死人方完築忽有大鯉魚躍羣中役夫殺而食之往往皆死然瀕江漁人不以魚之長大爲奇怪但釣網不能制者皆殺之不知此又

何也

水經云湖水廣五百里日月出沒其中大抵湖上舟行雖泝流而過順風加之人力自旦及暮可行二百里岳陽西到華容過大穴漠汴湖一日程又西到澧江口鼎州江口皆通大穴漠赤沙三日程南至沅江過赤鼻山湖四日程又東至湘江過磊石青草湖兩日程夏秋水漲其道如此冬春水落往往淺澀江道迴曲或遠或近雖無風濤之患而常靠閣

洞庭山之北宜春口出焉韓退之詩朝發宜春口郎

岳陽風土記

此地也

皷樓山上有石室下瞰洞庭中容數千人羣盜連藏之所俗謂分金洞統制官巡捕後遂少衰息按水經云洞庭鹿角山西有譴亭戍萬石戍廉湖口有金浦戍然則屯兵捕盜舊矣

烏石山在州南所謂烏頭石也其地五山相峙亦名五龍山下有港曰石墨港水中石如墨磨嚥之可愈喉膈壅熱之疾或云亦可代墨用

君山在洞庭湖中昔人有詩云四顧疑無地中流忽

君山正謂此也夏秋水漲皆巨浸不可以陸行徃近年冬深水落渡江肩舁以遊上有廟曰淵德侯洞庭君廟舊祠以爲湘君遂以爲二妃誤也上有野馬數十疋蓋昔之所獻馬歲久滋生山多古木少草夏秋食木皮多餓死故其數不充廣

君山崇勝寺舊楚興寺也有井曰柳毅井按靈姻傳始言還湘濱中言將歸吳國固無定處然則前人因事附文後人遂以爲實此亦好事者之過也

荆州記言君山上有道通吳之苞山今太湖亦有洞

庭山亦潛通君山故得名耳山後響沙頓足聽之有
聲酈善長言君山有石穴潛通吳之苞山
郭景純謂巴陵是湘君所遊處故曰君山湘州記言
秦皇欲入湘觀衡山遇風濤漂溺到此山而免因號
君山或言秦皇遭風於此問博士曰湘君何神曰堯
女舜妃也神遊洞庭之湖出入多風雨秦皇大怒乃
赭其山漢武帝亦發卒以射蛟郡國志洞庭山浣堯
女居之內有君山然則君山洞庭之分耳博物志云
君山卽洞庭之山堯之二女居之長曰湘君次曰湘

夫人今黃陵廟二妃廟也

劉穆之湘州記云君山上有美酒數斗得飲之即不死爲神仙漢武帝聞之齋居七日遣欒巴將童男女數十人來求之果得酒進御未飲東方朔在旁竊飲之帝大怒將殺之朔曰使酒有驗殺臣亦不死無驗安用酒爲帝笑而釋之寺僧云春時往往聞酒香尋之莫知其處

君山虎洞石穴夏秋水漲即沒春冬水落即露朝廷嘗遣使投龍于此歲旱邦人往往祈禱焉

君山東對艑山山多竹兩山相去數十里廻峙相望孤影若浮湘人以吳船爲艑山形類之故以名山上有塔曰啞女塔舊傳有商女祟病至此忽能言指其上可置塔其家爲之置塔因以名焉

通典州郡錄云巴丘湖中有曹洲即曹公爲吳所敗燒船處在今縣南四十里按縣西有曹公渡考之地理與周瑜曹公相遇處絕不相干不知何所據而言也

楊潭岸在荆江舊大湖也水經云江中有觀溠溠東

有大洲洲東分爲爵洲南對湘江口分觀港口徐師港在三江口北三十里爵洲在三江口南四十里又曰湘山迤于巴丘北謂之射獵磯江滸之右岸在城陵山山有故侯景港乃侯景泊舟師之所

雲夢澤寰宇記曰半在江南半在江北其水中土丘半出杜預所謂雲夢藪巴丘湖是也酈道元謂自江陵東界爲雲夢藪孟浩然詩氣蒸雲夢澤然則夾江南北皆其地也

棸子東西兩城春秋時楚昭王奔隨王使王孫由於

城麋

永慶寺莊山頂有井水泉清徹僧齊巳詩云鳥從井口出僧自岳陽還

楓橋堡有古塚歲久傾圯耕者得磚上有文曰大唐秦公墓堂皇局固不可發縣令秦光亨爲封完之

諸邑僧寺大小百區多五代時所建大平興國五年鼎岳始改賜寺額者乾明寺舊永慶寺也昔謂之新開寺雪竇語錄所謂新開者乾明祖師也

岳陽舊隸武安軍曰有天策府戶部下免楚與寺科

舉帖開運三年二月二十四日文字係書吏人稱曲
稱副驅使官簽書官桂管觀察處官王天府學士領
南軍節度判內諸司馬武穆亦自係天策府將軍江
南諸道都統尚書令楚王銜後書押蓋五代時藩鎮
行移百餘紙如郡椽曹縣令長皆攝至祥符巳後始
書正官稱有稱天策府知客元監州發運使序銜在
知軍之下監州恐今通判職發運使蓋藩鎮轉輸之
官耳亦恐是監州之類巳上簽書官稱乃開運一年
帖也

岳州地極熱十月猶單衣或摇扇蛙鳴似夏鳥鳴似春濃雲疎星震雷暴雨如中州六七月間

瀕江水退漁人於沙磧得箭鏃甚多形制不一皆銅爲之歲有得十數者足以見前代爭戰之衝也

岳州北瀕江州郡氣候尤熱夏月南風則鬱蒸特甚蓋湖南千里無山多得日色故少陰涼之氣也居民每至夏秋多病瘧癉皆暑濕所致也

洞庭湖中舊有蚌其大如半席漂[illegible]側立一殼乘風往來煙波間中吐巨珠與月相射漁者百端取之終

莫可得近久不見

岳州夏秋水漲卽生飛蛾蔽空而飛夜見明卽投至不可燃燭雖樽俎之間須㬰徧滿久之復投水中咎謂天蛾

岳州人極重鰉魚子每得之淪以皂角水少許鹽漬之卽食味甚甘美

江蟹大而肥實第殼軟漁人以爲厭自云網中得蟹無魚可賣十年前土人亦不甚食近差珍貴

岳人以兔爲地神無敢獵取者

巴陵雅甚多土人謂之神無敢弋者穿堂入庖厨畧不畏園林果實未熟耗啄已半故土人未嘗見成實之果半生半熟採之

湖湘間賓客燕集供魚清羮則衆皆退如中州之水飯也

馬援征諸溪蠻病死壺頭山民思之所到處祠廟具存至今婦人皆用方素蒙首屈兩角繫腦後云爲伏波將軍持服鼎澧之民率皆如此巴陵江西及華容間民有皁者習俗已久不可頓革問其故則曰去之

則神怒立患頭疼殊不知去包裹自畏風寒也雖云風俗然用方素蒙首郡邑亦自當禁止

江西婦人皆習男事採薪負重往往力勝男子設或不能則陰相詆誚衣服之上以帛爲帶交結胸前後富者至用錦繡其實便操作也而自以爲禮服其事甚著皆云武侯擒縱時所結人畏其威不敢輒去因以成俗巴陵江西華容之民猶間如此鼎澧亦然

湖湘之民生男往往多作贅生女反招壻舍居然男子爲其婦家承門戶不憚勞苦無復怨悔俗之移人

有如此者

荆湖民俗歲時會集或禱祠多擊鼓令男女踏歌謂之歌場疾病不事醫藥惟灼龜打瓦或以雞子占卜求祟所在使俚巫治之親族不相視病而鄰里往往問勞之謂親戚視之則傳染鄰里則否死者多不埋葬或暴露風日或置之木杪謂之死喪祥葬多舉樂飯僧

鄂岳之民生子計產授口有餘則殺之大抵類閩俗

湖湘間南風三日則陂塘積水耗減已盡土人謂之

南馬杓
舟中有朱砂過洞庭多爲風濤所苦相傳以爲龍神
所實也載人柩者亦然近目扶柩過者往往少驚恐
秋深洞庭水落矗矗皆陂濼衆魚所聚一夕風色便
順則所得之魚厭飫鄰境湖上漁人有善没者云洞
庭湘湖夏秋水漲深不過數十尺而荆卩水深一二
百尺窮冬洞庭湖水已退盡江湖寒洪在徒涉處得
魚數百斤者而荆江魚重不過數十斤
傍湘之民歳暮取江水一斗歳旦取江水一斗較其

岳陽風土記　十

輕重則知其年水勢高下云重則水大輕則水小甚驗

江上漁人取江豚冬深水落視其絕沒處布網圍而取之無不獲或用鈎釣若鈎中噞吻雖巨綸亦掣斷或挂牙齒間則隨上下惟人所制畧不頓掣然至腥臭不可近惟取脂油以供點照土人間有能食者

江上漁人取巨魚以兩舟夾江以一人持綸鈎其一綸繫其兩端度江所宜用餘皆軸之中至十鈎有大如秤鈎皆相連每鈎相去一二尺鈎盡處各置黑鉛

一斤形如錘以候水勢深淺錘上箭以五寸許正鈎使欹側絶江往來牽挽以待魚行亟取之謂之擺鈎數舟聯比而下每中魚則候其緩急急則縱緩則收隨之上下待其力困然後引而取之至有相逐數日者雖數百斤之魚皆可鈎綸用一百二十絲成魚至大者力不能勝即以環循綸投副鈎助之亦須漁人得之于心應之于手也

巴陵樂府舊傳臨江仙一闋滕子京所作其詞曰湖水連天天連水秋來分外澄清君山自是小蓬瀛氣

蒸雲夢澤波撼岳陽城帝子有靈能鼓瑟淒然依舊傷情微聞蘭芷動芳馨曲終人不見江上數峯青

華容漢孱陵縣也或曰漢武陵縣地吳太皇帝分孱陵縣地于今縣東二里置安南縣或曰劉景升所置宋志爲晉武帝分江安縣立也隋平陳改安南爲華容縣屬羅州取古容城名之世傳爲章華臺非也古章華在景陵界今監利縣離湖上與今邑相近耳大業三年以州爲巴陵郡十年移縣于今地垂拱二年以犯武氏諱改爲容城縣神龍元年又改爲華容縣

華容地皆面湖夏秋霖潦秋水時至建寧南堤决即被水患中民之産不過五十緡多以舟爲居處隨水上下漁舟爲業者十之四五所至爲市謂之潭戶其常產即湖地也

華容令宅東北有老子祠曰大皇觀門之左右有二神像道家所謂青龍白虎也捏塑精巧非常人所能形質甚大可動搖遊觀者往往驗之以爲異其實胎素中虛如夾紵作也祥符八年春二月既望雷震白虎西北楹上有倒書謝仙火字入木踰分字畫遒勁

人莫之測慶曆六年滕子京令摹而刻之問零陵何氏女俗謂之何仙姑者乃曰謝仙火雷部火神也兄弟二人各長三尺形質如玉好以鐵筆書字其字高下當以身等驗之皆然東南楹亦有謝仙二字逼近柱礎又不知何也其後摹刻岳陽樓上元豐二年岳陽樓火土木碑碣悉爲煨燼惟此三字曾無少損至今尚存謝仙火與歐陽永叔所記大同小異永叔之說恐得之傳聞乎

墨山謂之玄石山楚詞曰驅予車乎玄石步予馬乎

洞庭
大雲寺雲母泉李華詩序云洞庭湖西玄石山俗謂之墨山山之南有佛寺寺倚松嶺之下有雲母泉自泉口　流入渠周徧于庭發源如乳大旱不絕灌田澣濯皆用之自墨山西北至名門二十里間盡生雲母　堦道路熒煌如列星又有寶慈觀乃張真人煉丹飛昇之所弟子葬其衣冠俗謂之衣冠塚丹竈遺跡尚在
仙廬峯左石臼二因岩石爲之

方臺山在縣南蕭城荆南志雲山出雲母土人採之先候雲所出處在其下掘之無不大獲有長五尺者可以爲屏風當掘時有聲卽粗惡也

楊子洲洞庭記云此洲之間常苦蛟患昔荆佽飛將大附渡江蛟夾船飛入水斬蛟而去今廟在洲上

赤亭湖本赤湖梁太清六年湘東王遣胡僧祐陸法和誅侯景將任約於此爲亭因名焉

紫港湖在縣西今曰私港夏秋水漲與赤沙湖會北通于江今曰藕池南通于湖水經謂之湖口

衛池在湖南出蚌珠有甚大者

赤沙湖在縣南夏秋水漲與洞庭通杜甫道林岳麓詩所謂殿角插入赤沙湖也

水經云澧水上承孱陵縣灊水王仲宣曰悠悠澹澧口下會赤沙湖東南注于沅水謂之澧口離騷曰沅有芷兮澧有蘭注云洞庭謂之澧口江據此澧水會于沅然後入湖也今澧沅雖相通然澧水注于洞庭謂之澧口沅水注于洞庭謂之鼎江口豈歲月之久遂變遷至此耶

禹山上有禹廟

石佛山在縣北石堆成佛像衣服皆具

平江本漢羅縣後分長沙爲漢昌縣孫權與縣立漢昌郡以曾肅爲太守改爲吳昌縣隋平陳省于湘陰縣唐神龍三年又改爲吳昌置城以界内昌江名之嘗隷潭今隷岳後唐改平江其民善鬭訟有犯輒竄他界公事比之巴陵諸邑數倍

幕阜山洞天天寶中改名昌江山幕阜山記曰山有石壁刻銘上言禹治水登此山高于平地一千八百

丈周五百里二十四氣福德之鄉洪水之災居其上可以度世又有列仙之寶壇場在其側傍有竹兩本修翠猗然隨風掃拂其上有池水甚澄潔時有二魚游泳其中有葛仙翁煉丹井藥臼尚存山無穢草惟杞與芳苓之屬有石山產如丹珠絕頂有石田數十畝塍渠隱然非人力所能爲地絕高險莫能上有僧園曰長慶有宮曰玉清訪衆徒亦云鳥道斷絕不可登覽左黃龍右鳳凰皆在山麓也

梅仙山在幕阜山之麓層巒疊嶂塹之極葱翠子眞

舊隱也有井曰子真丹井有水出焉謂之梅仙水
連雲在幕阜之南峭拔萬丈常有雲氣覆其上有吳
真人煉丹壇下有石壁廣數丈背有田先生隱焉曰
田翁嵒
香爐山嵒在縣東下有老子祠上有丹壇丹竈有泡
歲旱祈禱有感有許旌陽試劍石
龍隱洞在縣西北有影如繪畫望之鱗角皆具
汨水出豫章界與純水合純水在縣南三十步
石瀨廟乃關羽廟湘州記云石子山溪西有小溪溪

水駃徹關羽南征嘗憇此因名羽瀨今廟亦以此名之隨軍土地三軍廟助順廟圖經皆以爲關羽并呂蒙行軍所置

平江有李林甫墳在九峯劉光謙墳塔在長慶陳希烈墳塔在惠果陸善墳在芭蕉徐安貞墳塔在下臺今無遺跡但長慶有劉光謙繪像

王文正公嘗宰平江令宅舊爲山魈所據前令不復敢居一日吏或夢見其告者曰宰相至吾當避之如有影響相率而去已而文正下車處正寢無復驚動

前知公之貴也治有異政邑人爲立生祠至今尚存

臨湘縣本巴陵故地唐泰清年置王朝場以便人戶輸納皇朝淳化三年陞爲縣治至道二年改曰臨湘

鴨欄磯建昌侯孫慮鬭鴨之所陸遜嘗諫止之與白螺山相望

象骨山山海經云巴蛇吞象暴其骨于此山旁湖謂之象骨港

烏石山仙隱嵒洞深數里有芝山石乳烏藥之屬

烏黎口卽烏林也酈善長云吳黃蓋敗魏武于烏林

即其地也太平寰宇記引通典州郡錄云曹州即曹公爲吳所敗燒船處又云今鄂州蒲圻縣赤壁山即曹公敗處按三國志劉表卒其子琮代襄陽劉備屯樊口琮降曹公恐備先據江陵遣精騎急追及於當陽之長坂備數十騎走趨漢津濟沔到夏口曹公進軍江陵得劉琮水軍船數十萬自江陵止巴丘遂及赤壁孫權遣周瑜水軍數萬與備併力逆之曹公消船江北岸瑜部將黃蓋詐降戰艦千艘因風放火曹公大敗從華容道步歸退保南郡備瑜等復追之曹

公留曹仁守江陵城自徑北歸夏口今漢陽軍也而漢陽郡圖經云赤壁亦名烏林在郡西北二百二十里在漢陽縣西八十里皆誤也曹公旣縱江陵水軍沿流已至巴丘劉備在夏口孫權周瑜與備併力逆曹公自當在巴陵江夏二郡界其漢陽圖經併係說皆謬也

岳陽雖水鄉絕難得蓴菜惟臨湘東蓴湖間有之

龍窖山在縣東南接鄂州崇陽縣雷家洞石門洞山極深遠其間居民謂之鳥鄉語言侏儒以耕畬爲業

非市鹽茶不入城市邑亦無貢賦蓋山徭人也

岳州自元正獻歲鄰里以飲宴相慶至十二日罷謂其日爲雲開節春社後遇好天色往往相繼上山中州人所謂拜掃也至寒食而止四月八日取羊桐葉淅米爲飯以祀神及先祖瀕江諸廟皆有船四月中擇日下水擊畫鼓集人歌以櫂之至端午罷其實競渡也而以爲禳災民之有疾病者多就水際設神盤以祀神爲酒肉以犒櫂鼓者或爲草船泛之謂之送瘟五月十三日謂之龍生日可種竹齊民要術所謂

竹醉日也

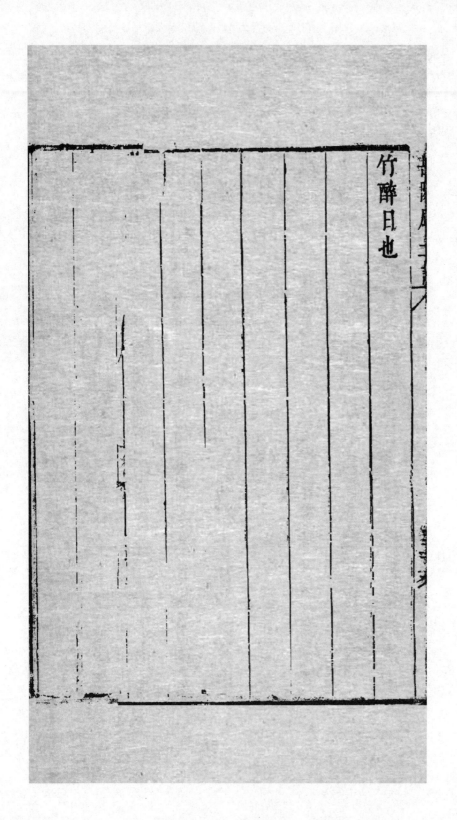

吴船録

吴船録

一卷

〔宋〕范成大 撰

清顺治《説郛》刻本

吳船錄

宋　范成大

石湖居士以淳熙丁酉歲五月二十九日戊辰離成都泊舟合江亭下合江者乃岷山江别派自永康流入成都又彭蜀諸郡水皆合於此以下新津綠野平林煙水清遠極似江南風景亭之上曰芳華樓前後植梅甚多蜀人入吳者皆自此登舟其左則萬里橋諸葛孔明送費禕使吳曰萬里之行始於此後人因以名橋杜子美詩曰門泊東吳萬里船正爲吳人設

余在郡時每出東郭過此橋輒爲慨然六月己巳朔
發家屬舟下眉州彭山縣泊單騎轉城過東北門又
轉而西自侍郎堤西走岷山道中五十里至郫觀者
塞途嚴妝盛飾帟幕相望葢自來無制帥行此路者
庚午至永康軍崇德廟在軍城西門外秦太守李陽
冰父子廟食處也辛未登城西樓其下岷江對江卽
岷山最近者曰青城其尤大者曰大面山大面之後
皆西戎山矣西門名玉壘關將至青城當再渡繩橋
每橋長百二十丈分爲五架橋之廣十二繩相繼排

遶上布竹笆攢立大木數十於江沙中疊石固其根每數木作一架掛橋於半空大風過之掀舉幡幡然大畧如魚人曬網染家涼彩帛之狀又須捨輿疾步稍從容則震掉不可行望者皆失色郡人云稍遷數里有白石渡可以船濟然極湍險也晚至青城山曰寶仙九室洞天夜宿丈人觀觀在丈人峯下巑岏如屏觀之臺殿築於巖腹丈人峯自唐以來號五岳丈人儲福定命真君傳記畧云真君姓甯名封與黃帝同時帝從之問龍蹻飛行之道本朝賜名會慶建兕

宮癸酉自丈人觀西登山五里至上清宮宮在最高峯之顛以板閣揷石作堂殿下視丈人峯如牆堵耳岷山數百峯悉在闌檻之下如翠浪起伏勢皆東傾一軒對大面山更上六十里有夷坦道曰芙蓉坪道人於彼種芎非留旬日不可登且涉入夷界雖羽衣輩亦罕到此雪山三峯爛銀珠玉闖出大面後雪山在西域去此不知幾萬里而了然可見則其峻極可知上清之游眞天下偉觀哉夜有燈出此山以千百數謂之聖燈聖燈所至多有說者不能決或云古人

所藏丹藥之光或草木之靈者亦有光或有謂神龍山鬼所作其深信者則以爲先聖之所設化也甲戌下五里復至丈人觀二十里早頓長生觀范長生得道處也乙亥十五里發青城縣丙子二十里早頓周家莊十里至蜀州郡圃内西湖極廣蘆花正盛呼湖船泛之繫纜修竹古木間景物甚野爲西州勝處湖中多小菱可食蜀無菱至此始見之丁丑三十里早頓江源縣四十里宿新津縣成都及此郡送客畢會邑中借居僦舍皆滿市人以爲盛成都萬里橋下之

江與岷正派流于此戊寅爲送客住一日飯罷發遣令各歸留者尚十五六巳卯以小舟至彭山與孥累船會即解維午後至眉州城外江即玻瓈江也冬時水色如此方夏潦怒濤漲皆黃流耳辛巳招送客燕於眉館與叙別壬午發眉州六十里午後至中巖號西州林泉最佳處相傳爲第五羅漢諾矩那道場又爲老慈姥龍所居凡五里至慈姥巖巖前即寺也甲申早出山至嘉定日未晡自眉至嘉百二十里中巖其半塗也乙酉泊嘉州壬寅食後發嘉州僅行二十

里至王波渡宿蜀中稱尊老者爲波祖及外祖皆曰波又冂有所謂天波日波月波雷波者皆尊之之稱此王波蓋王老或王翁也宋景文嘗辨之謂當作皤字嘗直取涪州別駕自號涪皤或從其俗云癸卯發王波渡四十里至羅漢鎮百里至犍爲縣過縣三十里至下壩宿甲辰發下壩百里至宣化縣百二十里至敘州纔亭午敘古戎州也山谷當謫敘居小寺中號大死菴後人遂作祠堂乙巳發敘州十五里廣南江來合大江通百二十里至南溪縣四十里至江安

縣百二十里至瀘州方申時近城有渡瀘亭不知諸
亮孔明的從何處渡或云叙正對馬湖江馬湖入諸
夷路也當自此渡戊申發瀘州百二十里至合江縣
己酉發合江二百四十里至恭州江津縣三十里過
漁洞宿泥培村庚戌發泥培村六十里至恭州自此
入峽路大抵西川至東川風土已不同至峽益陋矣
辛亥發恭州嘉陵江自利閬果合等州來合大江百
四十里至樂温縣蒲氏墨舊出此縣大部者久矣其
族猶賣墨不復能佳亦以價日賤故也七十里至涪

州排亭之前波濤大洶湧如屋不可梢船過州入黔
江泊此水自黔來合大江江怒濤水色黄濁黔江乃
清冷如玻璃其下悉是石底自成都登舟至此始見
清江涪雖不與蕃部雜居舊亦夷獠號爲四種人者
謂華人巴人及廪君與盤瓠之種也壬子發涪州百
二十里至豐都縣數十里至竹平宿癸丑發竹平七
十里至忠州百十里至萬州宿甲寅發萬州六十里
至開江口水自開建來合大江四十里至下巖四十
里至雲安軍又十餘里風作水湧泊舟宿乙卯行百

四十里至夔州余前年入蜀以重午至夔魚腹方漲
八陣在水中今來水更過六十四蕝不復得見頗有
遺恨峽江水性大惡飲輒生癭婦人尤不能免前過
此時婢子輩汲江而飲數日後發熱一再宿項歷腫
起十餘人悉然至西川月餘方漸消散丙午泊夔州
早遣視瞿唐水僅能没灩澦之頂盤渦撒出其上謂
之灩澦撒髮人云水勢如馬尚不可下况撒髮耶是
夜水忽驟漲渰及排亭及明走視灩澦則已在五丈
已下或可以僥倖入峽而夔人尤難之丁巳水復漲

遂決解維十五里至瞿塘口水平如席獨灧澦之頂猶渦文纔濟舟拂其上以過搖櫓者皆汗手死心面無人色蓋天下至險之地行路極危之時旁觀者莫不神驚余在舟中一切付之自然不暇他問據胡床坐招頭處任其盪漾每一舟入峽數里後舟髮方續水勢急怒恐猝相遇不可解折也帥司遣卒執一旗次第立山下上一舟平安則簸旗以招後舟舊圖經云灧澦大如樸瞿塘不可觸灧澦大如馬瞿塘不可下此俗傳灧澦大如象瞿塘不可上蓋非是也後人

立石辨之甚詳峽中兩岸高巖峻壁斧鑿之痕皴皴然而黑石灘最號險惡兩山束江驟起水勢不能平余來水勢適平俗所謂荼槽者又水大漲渰沒草木謂之青草齊則諸灘之上水寬少浪可以犯之余之來此未能盡漫草木但多草根齊亦不可涉然犯難而行不可回首也十五里至大溪口水稍濶亦差遠夔峽之險紓矣七十里至巫山縣宿縣人云昨日水大漲灧澦恰在船底故可下夔峽巫峽則不然却須水退十丈乃可是夕水驟退數丈同行者皆有喜色

戊午乘水退下巫峽灘瀧稠險濆淖洄洑其危又過夔峽三十五里至神女廟廟前灘尤洶怒十二峯俱在北岸前後映帶不能足其數十二峯皆有名不甚切事不足錄所謂陽臺高唐觀在來鶴峯上亦未必是神女之事據宋玉賦本以諷襄王後世不察一切以兒女子褻之今廟中石刻引墉城記瑤姬西王母之女稱云華夫人助禹令鬼神斬石疏波有功見紀今封妙用真人廟額曰凝真觀廟前有馴鴉客舟將來則迓於數里外舟過亦送數里土人謂之神鴉二

十里至東奔灘高浪大渦巨艑掀舞不當一稿葉或爲渦所使如磨之旋三老挽招竿𠯁呼力爭以出渦二十里過巴東縣九十里至歸州未至州數里曰吒灘其險又過東奔連接新城下大灘曰人鮓甕己未泊歸州八月戊辰朔發歸州五里至白狗灘三十里至新灘此灘名豪三峽八十里至黃牛峽上有沼川廟黃牛之神也亦云助禹疏川者廟皆大峯峻壁壁有黃跡如牛上一墨跡如人牽之云此其神也順而下流黃牛峽盡則爲扇子峽過此盡峽中灘矣三十

里得南岸則盡平地已平善壩舟出峽至是人皆相慶如更生舟師篙工皆有犒賜己巳發平善壩三十里至浹州登至喜亭亭弊甚不稱醉翁之記百四十里至楊木寨宿庚午發楊木寨八十里至江陵之枝江縣四十里至松滋縣二百一十里至荆州南之沙頭乙亥移舟出大江宿江瀆廟前丙子發江瀆廟七十里至公安縣百二十五里至石首縣丁丑發石首百七十里至魯家洑自此至鄂渚有兩塗一路遵大江過岳陽及臨湘嘉魚二縣經岳陽通洞庭波浪連

天有風即不可行故客舟多避之一路自魯家洑入純純者江旁支流如海之神沔其廣僅通舟不畏風浪兩岸皆多蘆荻時時有人家但支港通諸小湖故爲盜區自魯家洑避大江入純月明行三十里宿戊寅己卯皆行純中庚辰行過所謂百里荒者皆湖濼茭蘆不復有人迹巨盜之所出沒也壬午行不止辰出大江午至鄂渚泊鸚鵡洲前己丑解維小泊漢口午後風息通行百八十里至三江口宿三江口之名所在皆有凡水參會處皆稱之庚寅發三江口辰時

抵赤壁泊黃州臨皐亭下辛巳發黃州四十里過巴州河通行二百三十里至桐木溝宿壬辰發桐木溝八十里至馬頭宿癸巳發馬頭百二十五里至江州泊琵琶亭前戊戌發江州回望廬山漸東過湖口望大孤如道士冠立碧波萬頃中亦奇觀也九十里至交名夾宿己亥發交石夾東望孤山如艾炷澎浪磯在其南風起浪作食頃通行八十里宿庚子風未止强移舟數里至馬當對岸小港中泊辛丑風少緩移舟五六里至波斯夾中泊癸卯發波斯夾行幾三百

里至長風洑下口宿甲辰發長風洑百里午至池州十數里風作泊清溪口戊申發清溪宿長沙己酉發長沙入夾行晚泊太平州辛亥發太平州壬子至建康府泊賞心亭下丙辰發建康丁巳泊長蘆襆被宿寺中此爲達磨一葦浮渡處戊午至瓜州己未至鎮江府壬戌買小舟發鎮江久去江浙奔走川廣乍入舴艋蕭然有漁釣舊想不知其身之自天來歸也甲子至常州丙寅發常州平江親戚故舊來相迎逆者陸續于道恍如隔世焉冬十一月丁卯朔雨中行不

住戊辰未至滸墅十里泊巳巳入盤門

吳船録

日本記游

日本記游

一卷

〔清〕李筱圃 撰

清光緒李氏鐵香室刻本

日本記游

坿雜記

戊戌春二月

宋輝漢署

河陽李氏鏡香室本

日本記游

亡名氏

光緒六年庚辰往游東洋三月二十六日癸巳申刻自滬登舟船名秃格薩約陵魯譯名高沙丸係日本人三菱公司商船管船之船主司理機器各執事仍用西人船長約三十丈三枝桅鐵底暗輪單烟筒中艙飯廳長八丈寬一丈六尺四面粉飾塗金幃幔桌凳地毯俱極華麗上等客房在飯廳兩旁計十八間每間寬廣六尺餘可住二三人房內燈鏡面盆香皂手巾溺器俱全臥榻分上下兩層墊褥蓋毡軟厚故西客皆不攜行李但嫌榻稍窄耳每日早六點鐘晚四點鐘點心兩次又早八點鐘

午十二點鐘晚六點鐘飯三餐與洋人圍坐而食水果蜜餞糕餅雜陳每桌有茶單一紙早晚味品不同聽客自點然皆西國烹調終難適口下等客僅飯三餐鹹菜一碟而已與上等客相去懸殊上船華客祗余一人泰西男婦趁舟者則有十餘俱手不釋卷可見西洋各國男女無不讀書艙面玻璃房兩間爲上等客看書起坐之處船中侍嶴浙粤東洋人皆有更有女僕專爲西人眷屬服役者余住第五號房艙伺應者定海人張姓極爲殷勤以余食味不能適口每餐必備燒火腿炙雞羊肉雞子之類以進更隨時送茶點水果至房抵岸時給以洋三元船價上等客自滬至横濱英洋五十五元下等客二十元余自滬寫

往回船票便宜九折且可至中途埠頭上岸隨便耽延多日遇後來公司船到即乘之赴他口不再取值也

二十七日甲午早八點鐘開輪出吳淞口行近銅板沙因霧停輪半時許夜中仍霧北風橫捲船略顛簸刻刻鳴汽筒以防來船之相撞也

二十八日乙未濛霧如雨舟行稍緩終日無所見

二十九日丙申晴卯刻見長崎外羣山名五島巳初抵長崎港海程一千七百餘里計行二十五時舟人云若無濛霧十八時可到矣港爲一大海島長約三里便於泊船港口有造船廠港盡處正對港口有一舊式砲臺聞有戍兵五百名巳正登岸至

泰記號午餐後乘人力車號友郭子蔚導游各梵宮及花園博覽院登萬壽山見全崎在目居民數千家屋宇鱗比是處爲長崎縣治我中國有領事官在焉領事爲余雲眉中翰名璘廣東人文案任謙齋名致和江蘇宜興人繙譯梁錦堂廣東人租住港邊洋房爲衙署其上首洋房一所門內有三四千斤重礮數門小車礮一門舊式圓礮彈數堆聞此爲美國粮臺存儲礮火等件以備洋面設有事故便於接濟云按日本自漢時已與中國通使曾受漢魏之封唐時即有人至彼通商故今長崎有地名曰唐館然只長崎一港本朝咸豐以前銅商之至日本採買銅觔者亦在長崎今華商貿易於此約有千數閩人居多有八

閩三江各會館同治初年美國兵船至港日人拒之不得始允通商各國踵至又開神戸横濱箱館等處共八碼頭我華人亦隨洋商而往今之貿易繁盛首推横濱次神戸次長崎華商之在日本約共五六千人箱館一埠在日本之北境地處苦寒雖產海帶鰒魚海參等物而華洋商之在彼者寥寥數人他如新瀉夷港則風浪險惡各國商人無有至者又按日本乃合四大島而成國共形狹長通國輿地約長三千餘中國里（日本一里計中國六里六分）闊處約三百里狹處不過三十里分爲八道八十四國長崎港屬西海道肥前國此一道共有肥前肥後筑前筑後薩摩日向豐前豐後大隅等九國名曰九州神武開國即都於此後

始開拓而東逐蝦夷以有其地卽今之東西京也明季倭寇亦卽此九州人九州之中又以薩摩人爲最强前數年西鄉隆盛作亂卽薩摩人而據此稱兵九州之外又有壹岐對馬二島距朝鮮最近海程不過百里此九州一大島與神戸之畿內各道中間隔海旱道不通長崎有博物院在萬壽山聖福寺左首山麓院分數所第一所瓷器爲多皆日本自造大盤徑四尺餘瓶高八尺繪畫雕刻亦頗可觀價亦不貴第二三四所各物雜陳如礦産石料農器樂器衣冠盔甲各樣禽鳥之皮毛中實以棉嵌以假眼活潑如生云係英國人送來者上海格致書院內亦有此多陣所設字畫則有宋徽宗白鷹趙子昂馬海剛峯史閣

部字他如中國筆墨東洋漆器布帛絲棉分類而設更有古衣冠二尺高坐身神像二十餘亦置兩行架上至此如入古刹然花園在博覽院之左倚山爲園面臨山澗地旣不大亦無曲折花更無多小屋三四處塑有男女人形如臺上演戲之狀園內有酒樓少婦小姑招人駐飲未之顧也回至泰記晚餐後亥初登舟亥正二刻開行

三十日丁酉申刻至長門下關峽停輪半時許有長門人男女二十餘輩來趁船昨晚自長崎有一閩客林守常者搭上艙至神戶始有此共語之人

四月初一日戊戌未正二刻抵神戶計行十八時自長崎至神

戸一千五百餘里舟行峽中兩岸之山斷續不絕闊處海面數十里狹處數里故無大風浪然多暗礁此一程雖稱平穩但須熟習引水之人從前西洋船自長崎至神戸須繞正南過肥後薩摩再轉東北入紀伊口海程三千餘里風浪險惡後有東洋人教之自長崎過壹岐島響灘入長門下關由海峽行走計程僅一千五百餘里雖有暗礁皆置燈表輪舟可以夜行峽中山勢秀拔古木森森近神戸百數十里兩岸小山更多尤爲奇秀波平如鏡坐艙面觀之羣山排闥而過眞如置身圖畫中申初上岸先至鼎泰洋布號號中派人至船上發行李德澄號東張掇芹先得上海號信當來約至伊處下榻住房洋樓式几淨窗

明頗爲軒敞號友胡君小蘋名震浙甯人工書善醫詩亦清逸

神戶爲兵庫縣治我中國設有領事此埠即在海邊略灣進內非如長崎之有港左右有早年石砌圓式小砲臺兩座神戶之內中國程七十里爲大阪府治由大阪一百三十里至西京俱有海汊火輪車可通本埠貿易不大皆轉運至大阪銷售火輪車日間載人夜間運貨

初二日己亥早小雨巳刻晴午餐後張掇芹胡小蘋約同至關山看溫泉板屋之中砌石作池方徑六七尺水深一尺餘男女同浴於中誠爲陋俗旋游他箕山觀瀑布曲折而上里許山腰有瀑布高一丈八尺倒瀉而下居人依山作板屋賣茶以憩游

客坐對飛泉噴薄濕人衣袂此名雌瀑迴環更上半里餘山上復有瀑布一條高二丈是爲雄瀑滙爲一潭流下卽爲雌瀑上下茶棚甚多客過其門婦女皆招呼留飲環遊地球新錄謂半里一茶亭又謂瀑布數十丈爲日本山水最佳處誠不然也瀑布雄雌之名高下尺寸茶棚中有印賣圖說可閱山下茶棚前多有小水池中插二三尺高通心細竹桿水由竹管上噴高出尺餘此卽西人所謂水法也

初三日庚子鼎泰號友朱季方與常熟衞鑄生名壽金來候鑄生工書法客游於此者午後與張掇芹胡小蘋同乘火輪車至大阪計程七十里行半箇時辰若非中間搭客卸客停頓四次

室無桌椅地有絨毡坐臥皆於是而屋宇修潔無纖塵同寓有江甯人王治梅鄰寓有嘉興陳曼壽皆以工書善畫客遊於此中國人之寓日本西京者祇此馮王陳三人而已按西京爲日本國王舊都四面皆山並無城郭今國王明治二年始遷東京街道市面俱極繁盛但非通商碼頭凡游此者須在其設立博覽會之百日期内向神戸之兵庫縣或大阪府衙門討取執照先一日胡小蘋向兵庫縣令森岡昌純處賫來執照二紙每紙照費洋二角照内註某處人赴西京博覽會見物限期二十日出京如馮雪卿等在彼期滿又回至原處另換一張百日之内須五易其照自神戸乘火車至京及至京住寓皆須驗照無照

者不賃車不留宿也博覽會場基甚廣所陳之物與長崎等中有稻桿長至五尺餘穗頭稻粒肥綻而多此爲可貴耳

初五日壬寅早與馮雪卿游博覽會及舊皇宮舊皇宮在博覽會場之旁地勢既小規模狹隘正殿名曰紫宸上覆以草據云此草最堅韌而經久宮室廟宇之外民間不准擅用殿旁即御苑所謂待月迎涼常御便殿俱在是足見其前此之儉樸後宮屋多坍塌現有工匠修理開溝苑中樹木梅花極爲蒼秀午後遊琵琶湖湖距西京三十餘里乘火車可至此爲西京名勝處然巨浸一灣羣山四遶絕無景緻可觀湖寬約數十里有對渡有火輪船二隻湖邊松樹一株高僅八九尺枝柯四出亭亭如

圓益東西南北各三十餘步此誠不多覯耳晚刻馮雪卿約至御料理便酌御料理者即酒樓之名侍酒勸餐皆以婦女不見男子之面

初六日癸卯早游華頂山登第一樓梵刹佛殿作八十一間形殿後房屋迴環數十間雕繪富麗盛於王宮言係國王游幸處又游清水寺寺在山腰樹木蒼翠有泉流出於山半故名清泉申初登輪車酉正回至神戶馮雪卿同行晚刻神戶領事廖樞仙來拜廖君名錫恩辛酉拔貢廣東惠州府博羅縣人坐談一時許據言無副領事有文案一人繙譯二人差役二名月俸三百兩房租銀四十兩賃屋而居

初七日甲辰巳刻至鼎泰號候衛鑄生並回拜廖樞仙又見其文案繙譯張君芝軒南海人馮君湘如番禺人楊硯池蘇州吳縣人午後游楠公墓祉楠公者日本之忠臣兵敗以身殉國其子承父志復舉族勤王者也墓碣題曰嗚呼忠臣楠公之墓四圍花樹甚多游人雜沓廖樞仙具柬招飲辭

初八日乙巳倩人送上海新載生洋行東步邁司岱致神戶榮町四丁目日本人濱田彥之信濱田彥初在西人洋行學業曾往西洋十數年今在神戶業茶與步邁司岱相友信乃託爲照應余之游踪者馮湘如來訪名昭偉坐談許久言早年日人犯臺灣伊來採聽各情

初九日丙午午後游鐵路洋塲各街市晚刻張撥芹兄備筵相欵同席有廖樞仙馮湘如楊硯池童明輝諸人

初十日丁未昨日已有公司船到准備起程赴横濱廖樞仙送點心橘子洋酒來酉刻撥芹諸人同送登舟船名立海丸明輪較爲沙丸稍大住其面上房艙窗內見海尤爲爽適戌刻啟輪同船有甯波人張楚傳名錫榮在上海開龍飛馬車行者云因腿疾特赴東洋横濱之外百里地名蟹殼南有溫泉浴之可以已疾

十一日戊申舟行大東洋申刻隱見北面羣山詢之爲日本東海道尾張三河駿河各國境晚刻有美國人丁娃者來就語詢

之乃京都同文館總教習丁韙良云奉總理衙門委往地球各
國閱看各書院情形
十二日已酉寅正末刻抵横濱海程一千五百餘里行十五時
有半此埠亦在海邊與神戶略同碼頭左首有舊式土砲臺一
座砲係露設有戌卒看守卯刻德澄號着人來接辰初登岸住
其樓上房亦西式較神戶尤寬大號友孔振成周立人袁鏡甫
袁玉振四人酉刻周袁二君導游野猫山花園芍藥正開色極
燦爛矮屋四五所陳設幽雅花以白邊瑞香松蘭梅竹爲多月
季亦盛有洋花十餘種不知其名日本人盤紮松柏盆景最佳
故雖極大松柏亦亭亭有緻盆梅根粗圍二三尺更有半片嵯

峨形者根高一二尺上發嫩枝此正所謂梅椿也園左半山平地一片約一畝餘編小柏樹爲籬倣倪雲林所作蘇州獅子林山石之意曲折廻環俱爲巷道園丁婦女導客入遊轉折三十二灣至中央有隙地三四弓如獅子林中間建樓處復轉三十二灣由原門出蓋卽魚腹浦八陣圖式行入其中非有引導之人正恐如陸伯言之迷罔不得出也歸游夜市街衢燈燭輝煌地攤陳設百貨士女摩肩皆於此時購物逐日如是横濱爲神奈川縣境我中國貿遷於此者約三千餘人粤人爲多立有中華會館乃日本通商八口中最盛之區中國有理事官范君雨蕉駐此張楚傳請晚餐辭

十三日庚戌倩人送步邁司岱致此間洋行信亦託爲照應余之游踪者午後遊博覽會並無古物乃出賣磁漆綢布雜物之場耳

十四日辛亥雨

十五日壬子號友袁鏡甫送余至東京並派廚夫葉五奎同往因飲食不同也巳初二刻上火車沿海而行計程七十里巳正二刻到寓南傳馬町伊東屋客寓前年馮雪卿在東京亦住此寓偶談及之似曾相識寓主人以予不慣席地久坐特備西式軟墊靠椅及書卓其情可感東京亦在沿海以海灘水淺重載大船不能收泊故通商埠頭設在橫濱距東京數里海灘邊有

砲臺四座每座相距約一里墊土築城潮退則臺在淤沙之上潮長則臺在水中早年與美國相拒時所築仿照西式臺內有兵礮藥房聞其自知此臺不能得力已將廢置另於橫濱築臺

午後偕袁鏡甫游德川氏歷代墳塋近接市廛地勢橫闊屋後倚山自一代至十四代有數代同堂各龕者相距各百餘步殿宇挨列雖不甚高廣而雕鑿極爲精細四壁塗金覆以銅瓦殿柱有包玳瑁者不知造自何年工程堅固門內八九尺高銅石塔鐙不下數千墳在殿後或殿旁第六代之墳下砌巨石作八角形上立銅塔有門可以啟閉歷代之墳以此爲最墳地樹木陰翳合抱古柏高入雲霄皆數千年物也各殿俱有殿名宮名

又有寺名曰增上寺按德川氏爲日本諸侯號曰大將軍世掌國政歷三百年國王徒擁虛位而已早年米利堅求通商德川氏以力難拒絶遠欲允之民情不服德川氏因之失據國王乘此奪其政並廢藤橘源平各諸侯收其采地歸公但給歲俸大權一歸於國曰維新之政令則非但不能拒絶遠人且極力效用西法國日以貧聚斂苛急民復謳思德川氏之深仁厚澤矣

東京石城高八九尺無雉堞門樓但有空缺多處卽爲城門以通出入城濠寬深上建橋梁雖曰石城三重而外二重皆半圈作八字不交形非如環之無端也城內兵房甚多聞有兵三千六百名分住四隅國王住第三重城內曰皇居卽德川氏之舊

居前數年被火至今尚未修復博物院共有四處最盛者曰教育院入游者並不取資中分院落多所各物分類而置如天生植物類則五穀雜糧花果樹木動物類則自人至於飛潛中有人骨三具以銅絲紐接掛之如人立之狀內具一別無他異惟手指尖骨較尋常人長二寸脚趾尖骨長寸餘似是鳥爪之人不知出於何國獸類有羊大如牛角長二尺許熊羆虎豹小至鼠兎以及羽族飛鳥之皮皆實以棉嵌以眼珠栩栩欲活可異者長尾雞大與中國黑雄雞相等而尾長數尺有一大梟鳥兩耳聳起形狀可憎鱗介中魚類甚多有身如車輪口如酒杯齒如白米者有身小尺餘口巨如碗者最奇一魚身長約二尺粗

如茶杯形似鰻魚口之前有一骨長出約一尺此骨之末又横生一骨長約四五寸如丁字形魚之兩目生在此丁字一横之兩頭據云西人亦未見過有大蟹一足之長約五六尺通長一丈餘設或肆其横行吾人奚堪遇此獸之活者有熊猿之類禽之活者有孔雀雕鷲之類鱗之活者有二尺餘長之四足魚形似中國之土步魚灰色而有黑斑石類有礦產數千種又有各動物魚虫植物木葉等類皆變石而未變全之形工藝類中則錦綉綢緞綵綿絨布雕刻漆器與夫農家器具無一不備機器則有格致化學重學光學電音汽學等件皆分置各架其教盲人寫字啞人代語等法俱有圖畫且有盲人所寫之字張挂壁

閒此外並無奇異之物蓋非西洋賽珍集各國珍奇而聚於一處也可恨者有一會中架上置壞竹鴉片烟槍兩根破磁烟缸兩個中豎一挑烟棒烟盒烟竿數件壞銅水烟袋一枝破錢板一塊破舊篾紙燈籠一箇破帽零星各件俱極脆髒又於其所陳軍械刀鎗盔甲旗幟處置銹蝕鳥槍數桿破布九龍帒兩個中插裝火藥小竹筒十數根俱標識曰中國物閱之令人憤懣我中國連年赴美法各國賽奇會之物品西人且加誇獎豈無工藝珍貴之物以冠他邦乃獨以此爲形容雖鬼蜮之見不足較而其居心已顯然可見尚足與之論邦交哉

十六日癸丑王惕齋馮蓉塘來皆浙甯人在此貿易者未刻往

拜我中國駐日公使何子莪侍講副使張魯生太守參贊黃公
度大令英繙譯楊星垣俱會海外游踪未攜冠服本不欲投刺
公門因朱寶珊觀詧託帶有致何公使之書神戸領事廖樞仙
又先有信通知公署不得不一往也
十七日甲寅王惕齋來言伊有族兄王黍園現館廢藩源輝聲
家專論詩文閒暇無事可以伴游已與言過囑渠今日來拜也
余詢知其住處在淺草町令戸十四番地方先往拜之故侯源
輝聲亦出見輝聲號桂閣爲日本世襲諸侯封地在西京高崎
今王新政概廢藩封令各諸侯俱遷住東京所有采地全行歸
公視其地之大小歲給俸金數千元至數萬元不等如願出仕

亦可桂閣年僅三十餘澹泊不仕以詩文自娛所住之屋臨水名曰墨江對岸櫻花十里春日景緻極佳室中皆名人字畫照中國式設有桌椅茗椀尊彝位置幽雅筆談半時許同游上野博物院至小西湖酒樓午餐清池一頃酒榭數家皆文人墨士詩酒奕棊之所酒後又偕游教授博物院酉刻回庽上野博物院又名美術會有絹本山水四大幅欵俱剝落莫辨古色蒼茫標識曰元人作又沈南蘋大條幅十餘翎毛鶴鹿花卉木石俱極生動他如宋徽宗白鴿仇十洲璇璣圖豳風圖文姬歸漢胡笳十八拍圖唐伯虎祝枝山仙女釣翁此外山水人物各件甚多皆中國名人之筆又有火焚阿房宮大幅不知何人所作尤

爲出色動物類有大螺殼內有一蟹同生云彼此相依爲命聞浙江普陀山亦有此種其蟹類甚多有面上殼大如掌腹下蟹兜小如酒杯脚長寸許不知何以負殼而行距院數百步鐵栅內狗熊二頭長約四尺高二尺餘以齒囓栅時作欲竄之狀今日何公使來拜出游未晤又接來字約明日晚餐

十八日乙卯張魯生副使楊星垣繙譯隨員陳訪仲來陳名衍範杭州人楷書極佳午後游城內賣物博覽會購瓷器零件數種酉刻何公使着馬車來迓赴宴同席爲張副使及參讚諸人

十九日丙辰午後與王惕齋馮蓉塘同至王子山看機器紡紗計鋏機十二張第一張機將棉捲壓作二尺餘寬數十丈長薄

片第二三番機兩張將捲成棉片遶於機後軸上機前有一軸上有極短密刺將棉片梳鬆粘出又有一鐵片不住顫動將軸上粘出薄如淡雲之棉敲下從機頭攏聚過圓眼成大指粗極鬆棉條第四番一機將此鬆棉條三根倂作一根略為攏緊第五番機一張將棉條攏緊拉長機上挺子十六根第六番機一張又將攏緊棉條兩根倂作一根成細繩形此機上挺子二十八根第七番機一張又將紡成細繩形之紗兩根倂作一根而拉長成粗棉紗計挺子六十四根第八九十十一機四張每張挺子各一百四十二根皆係將第七番紡出之粗紗成為細紗第十二三番機一張將紡成之紗繞成大仔工已畢矣其機器不

用蒸氣乃接引山水下注激輪如飛似水碓水磨之法惟久晴水源不旺則一日之工少差聞牽箕每日可成紗三百磅工作少婦小女子十六人打包鬆花各事男子四五人修機器匠三人通計二十餘人女工接頭換軸手脚純熟絶不忙亂有此機器則一人之工可當數十人誠爲巧捷歸游淺草寺及左近茶園觀像生人物復紆大橋而回午後王桼園來出游未晤桼園名治本浙甯諸生也何公使着人送代購書籍地圖來源桂閣送詩來索和

二十日丁巳王惕齋馮蓉塘來約至西洋酒樓午餐後同至三田林姓家看機器造紙並觀其家藏字畫金石之類造紙法係

收買破爛雜色碎布用人工搜開扎碎洗淨和强水入鍋煮之復入機器桶以活流水漂洗即潔白如雪更用强水煮如漿由錢筒放入第一機器筒中桶內有竹編空心圓軸上蒙以紗外用長毡套之此軸輪轉不息其一面由布漿一過粘於氈上即成白紙傳於氈後長布套機器烘筒之上連過三筒紙已烘乾又接傳於砑輪上一過紙色即光亮砑輪之後即刀輪譬之紙須三尺寬即用三尺輪刀紙過此輪自然切斷落下只須一人以手接之鋪於案上不須一分時工夫漿已成紙大小如一可以點數打包發客矣若須長紙但不切斷則千百丈亦不難也

二十一日戊午早至日本橋通一町茂兵衛須原屋書鋪購書

黄公度來未晤午後至源桂閣家稍坐同王黍園至猿若町戲樓觀劇又看東洋女子以脚作書穿錢敲火吸煙折紙各事其最者以尺餘短弓八九寸長小箭立靶約三丈外靶上懸三寸徑小銅鑼左足趾張弓右足趾搭箭箭到鑼鳴竟無虛發技亦巧矣戲園之屋彷彿中華但坐客之地皆以板隔作方槽每一槽內可席地而坐四人上下可容千餘人戲臺甚大優人但說白而不唱左首小樓坐彈絃者二人著大紅半臂偶或大聲喝唱三二句不知何辭不知何調右首小樓內有數人擊鼓吹笛鳴小鉦亦無音節大約觀者專看伶人之扮演情形能肖能妙則喝采齊聲不計曲詞腔調其所演之戲並非故事皆出新編

全本可演一月編成先將戲名目錄情節扮演形狀分爲數十齣刻作小本出賣故坐觀者多手一本也

二十二日已未張魯生副使來約明日同往王子山看機器紡紗午後至上野美術博覽會教育博覽會一游申刻回寓有日本尾張國愛知縣人中村道太來投其友人名關根錄三郎號痴堂生近詩二册求題繙閱一過皆嫉世痛時之語日本自維新政出百事更張一切效法西洋改歲歷易冠裳甚欲廢六經而不用遺老逸民尚多敦古以崇漢學痴堂蓋逸民之賢者爰拈四絕以貽之晚刻又有駿河國靜岡縣人籐沼物來求賜教語極謙恭亦崇漢學而能文者錄近作數首示之

二十三日庚申午後至公署同張魯生副使至王子山看機器紡紗復至署晤何子莪公使後酉刻回寓晚刻籐沼物倩一北海道胆振國須田廉來執策求教

二十四日辛酉葉五奎回横濱去以王惕齋之姪王履安來照應一切午後何子莪公使來託帶朱寶翁及上海招商局文報委員王心餘各信并贈我日本全史等書申刻有日本九州地肥後人湯地文雄來見據言曾爲愛知縣七等官以詩呈政連日來呈詩求教者甚多俱略爲改竄而已

二十五日壬戌雨

二十六日癸亥着人各處辭行王黍園送點心一大盒來午飯

後同至王惕齋處看做白來火游芝山東照宮及山下花園又登愛宕山觀東京內外一目了然海內帆檣如在堂下又游昭忠祠花園傍晚回寓陳誦仲來未晤今日先寄書箱至橫濱晚游花市市設大路兩旁長約一里燈燭輝煌百花爭麗多有不識其名者時當中歷四月杪夏菊盛開聞至深秋菊花尤甚晚刻來求改詩者數人俱爲點定數字而去店主人言若再住數日則來者愈多矣

二十七日甲子起程回橫濱早有來談詩者告以起程匆匆未遑接語矣張魯生副使王惕齋來源桂閣又叠前韻詩來索和並送小團扇五柄申初一刻上火車申正一刻抵橫濱仍寓德

澄號樓上
二十八日乙丑午後游街市及中華會館
二十九日丙寅雨
三十日丁卯申刻往看西洋人與日本人賽馬張魯生副使自
東京來日本人請看賽馬同晚餐後回東京去
五月初一日戊辰看賽馬游各花園
初二日己巳起程回華申刻王惕齋自東京來與袁鏡甫同送
登舟船名東京丸大小與前坐玄海丸相等鋪陳亦極華麗住
其第八號房艙酉正開行
初三日庚午戌刻行近神戶約二百里無數漁舟皆明燈火近

視之乃以銕爲絡伸出船邊燒以木柴故亮光甚大據云儵魚喜近燈火故於夜間捕之數十里海面如萬點繁星誠爲一大觀也夜半子正抵神戸計行十五時

初四日辛未天明時德澄號着人來接辰刻上岸午正與虞冠羣乘火車至大阪購珊瑚連看數家俱無合式者在火車房遇馮雪卿坐談一點鐘酉正回神戸至廖樞仙處稍坐德澄號晚餐十一點鐘登舟

初五日壬申寅正啟輪今日是端陽佳節茫茫巨浸中無可與親惟有時登舵樓以眺遠耳

初六日癸酉戌初抵長崎自神戸至此計行十九時半泊舟後

大雨

初七日甲戌卯刻泰記號友郭上治來接游踪所至每卽有人相迓者以先得其號中電報也郭號子蔚鄞縣監生言昨船到港以大雨未能登舟旋與上岸同至富士屋酒樓小飲樓上額曰瓊江第一觀長崎全島俱在目中昨抵港時有俄羅斯兵艦尾隨進口鳴砲十三响港中先有一俄兵船亦鳴砲以接之頃見昨到之船桅上懸挂日本旗鳴砲二十一响日本砲臺旋換俄羅斯旂鳴砲如數以回敬之此所謂祝砲儀也回至泰記午飯未刻雨旋晴上街購零物晚餐後亥初回船

初八日乙亥寅刻啟輪天明後風雨交加風雨針亦驟降恐有

颶暴轉舵仍回長崎午初進港停泊船主旋上岸發電信通知上海緣公司船皆刻期按時而至今有躭延故行通知以免上海發船迎探電信之用大矣未刻狂風大作吼聲如雷設非折回則不知如何驚險風雨針之用不更大哉晚刻風稍息

初九日丙子雨天明開行逆風鼓輪船略顛簸心中已覺不適飲食少進．

初十日丁丑舟行平穩戌刻見花腦山燈火四更後停輪泊銅板沙候潮

十一日戊寅天明開行辰刻進吳淞口巳刻抵上海是行也自滬往還四十餘日周歷日本東西二京雖不敢言壯游亦聊以

擴眼界所見所聞有不能登記於逐日之下者分作雜記附後以資觀覽

黄梅宛立敳校字
泗陽李世勛覆校

附雜記

亡名氏

按日本自神武開國一姓相承歷今二千五百餘年中間雖有權臣專國叛亂相尋終未易姓爲治法尙嚴峻民風極醕早年夜不閉戸路不拾遺盡地可以爲牢至今官司繫人仍用細繩無琅璫鐵鎖近則鼠竊漸多間有剽劫矣官制有三院九省其太政院大臣及左右大臣如中國之宰相軍機亦有以親王而授斯職内閣隸於太政院此總持國政者大審院掌刑律内外理刑有司隸之元老院掌議事上下議員隸之九省曰宮内曰内務曰外務曰大藏曰司法曰文部曰工部曰陸軍曰海軍分

司錢穀兵刑邦交工作皆秉成於太政院外建三府曰京都府即國王舊都之地曰東京府今王遷都之地曰大阪府距京都府一百三十里設縣三十五前有八十餘縣今省而縣不隸於府有事則直達內省府縣地方有設立裁判所審理詞訟縣官之下又有一等至九等屬官及十幾等出仕數十人各有月俸似即書吏之流兵制陸軍有六鎮分駐東京仙臺名古屋大阪府廣島熊本京外共陸軍三萬餘人六鎮之職曰陸軍少將俱受成於陸軍省之陸軍中將及陸軍大將左大臣熾仁親王此陸軍數目也水師有提督二員分駐於相模薩摩二處明暗大小輪船二十四隻內有鐵甲者三隻二三百噸及百餘噸小船七隻兵四

千餘名水師則受成於海軍省統計通國水陸兵四萬有零東京駐兵三千六百名皆作西裝用後膛搶身佩長刀游嬉自得每當夕陽將墜則街衢躑躅營營扶得醉人歸眞是好整以暇今又行三丁抽二之法兄弟分居亦不能免民固不願强抽之亦恐無用也國政情形向來國王雖有不善臣下不敢諫奏縱所諫極是亦有應得之罪故偶有諫者皆先自裁而遞遺疏以效史魚之屍諫即大官有誤屬官亦不敢言治民之官有誤百姓更不敢言如此政治而得綿延二千餘年此無他法令嚴厲臣尊君而民敬官終由於民風之厚今王國號明治即位十三年明治以前稱爲富庶迨至通商以後羨泰西各國之富强百

務更張效用西法易衣冠改歲歷下至飲食刀匕之瑣細無不
仿之現在國中製造軍械局船廠織布紡紗洋錢洋紙硝礦强
水自來火煤氣燈無不購買西洋機器自行仿造海道通商有
三菱公司大小輪船三十餘隻火輪車路自神戶至西京自横
濱至東京電線則水沉於海陸架於空千里軍情分時可達復
用西法勤練軍士自以爲富强可以立待殊不知慕西法而無
生財之道適足以自耗其財今自通商改用西法之後國用不
繼不得不苛歛於民丁稅地稅關稅之外甚至茶棚地攤無不
有稅百計搜羅一年所入五千餘萬元之多我中國十八省之
地併地丁鹽關各稅統計歲入亦不過此數乃以僅當我中國

一省之地徵歛如此之鉅民力其何以堪我中國之民涵濡
聖德輕徭薄賦日在
堯天雨露之中而不之知也國中現俱行用鈔票聞散在民間者共有四百餘兆（每一百萬元爲一兆）民間完賦亦以鈔票通國幾無現銀鈔票曾賤至六折西國各貨之來猶賴有歳出絲茶値銀一千餘萬與之相抵然入口貨與出口貨相較每歳仍虧數百萬兩憂時之士曾創立公會禁用西洋各物其如民皆好之而不能從西人見其各事皆效西法交相誇譽不知其正以此而致貧慕虛名而難收實效富强二字恐不易言也

日本人稱國王曰密楷度今王卽位已十三年有母后向無王

子其官制品秩惟親王稱一二三四品職官則不稱品而曰位自正一位至從九位又有一等至十五等者太政大臣每月支俸八百元左右大臣六百元以次而降至縣屬八九等十餘等官每月僅十餘元耳取士則重世族諸侯之裔曰華族世祿之家曰仕族諸侯之家臣亦曰仕族今之立於朝者多有諸侯家臣卽今廢侯家居使用之人尙曰臣子若齊民中非有才學出衆者不能出仕自維新政出改用西法官民之中是非各半浮躁喜事輩見百度更新有輪舟大礮後膛槍以爲富强已著上年有武臣某者請與兵十萬人橫行中國旋有西人駁之曰日本水陸之兵共僅四萬有餘從何而得十萬縱使添募足數而

二十餘艘兵船何能容此十萬之衆即或多雇他船應用其軍餉又從何出通國傳爲笑談是其夜郎自大之情已可概見亦有明於事理者以與中國作難之爲非而選事人多犯臺之役是爲前鑒我中國豈可不爲之備哉

日本通國人民三千六百餘萬國中學校甚多兵農禮法格致算數技藝分類而設且有女學故船戸車夫婦人女子無不識字其書籍及日用之字皆中國書法但於每句之內雜以倭音數字文義顛倒多不可解讀其書但能領會其意耳若與中國人筆談或作詩文則不夾寫倭字亦惟多讀中國書通文理者能之非盡人所能也然人俱好學如游博覽會多懷鉛槧而往

遇物登記更有輕年女子見圖畫中花鳥之佳者即立而摹仿之頗能肖妙此為可羨耳在其改政之初幾欲廢置漢學國中所有中國書籍皆賤價出賣又多為中人購回如太平御覽一部價才十餘元近聞有令多延中國人教語言雖兵丁亦須學習此非慕我方音其用意或別有所在也

日本國庫現存銀一千二百萬兩上年曾請駐日各國公使看其庫儲意在炫耀有西人作論曰箱中銀之有無固不得知即使真實亦不過合我西國三百萬磅富商大賈一人私財尚不止此況一國乎日人閱之頗為慚沮國中產米僅敷民食偶遇偏災恒慮不足上年因欠西債以米抵償上海申報中曾有日

本米運至英國出售一則即此事也運出之米既多價日昂貴現今米價每斛合寬永錢四十餘文民雖良懦不無怨咨當鈔票初行之際百姓稱便多願使用鈔價一元貴至一元二角人爭購之以其存攜皆便也故民財大半皆歸於公迨後公用不足又勸富家出銀易鈔今之所謂富戶者皆紙鈔而已

日本與西洋各國通商美利堅最先早年由日本至上海之輪船名曰萬昌公司乃美國人所設後始賣與日本人改名三菱公司如中國招商局買旗昌洋行公司之船也聞三菱公司連年虧折日本國家每年津貼銀二十萬兩中國人運貨乘船之水腳皆須付以現銀完稅亦然日本人則以鈔票火輪車神戶

至西京二百里横濱至東京七十里修築輪路所費已千餘萬兩現雖運貨乘人亦多折閱西京輪路現仍向滋賀縣開築已成三十餘里意欲開通直達東京余在西京遊琵琶湖曾乘輪車至此見中隔一山有人夫百餘名開挖山洞完工無期昨上海申報言又成一輪路國王欲自作記以志之恐非數十年不能告竣也

煤礦在長崎外高島此礦初爲西人購買價才十餘萬金出煤既多獲利甚厚與日本人分之日人犯臺時曾託此開礦之西人代向外國定購輪船三隻價銀三百餘萬兩先付若干迨後船到臺事已平無銀付價經手之西人大覺爲難不得已將此

煤礦作抵與賣船之人接挖數年仍獲厚利前年日人以銀數十萬將礦購回自行開採今運上海者即此礦之煤係中國人在彼購運其他處小礦尚多終不若此礦之煤好而且旺至金銀銅鐵之礦雖俱開採但不能多耳

製造軍裝礮械局在東京小石川造船廠在橫濱賀長崎亦有大造船廠此數大廠不知費銀幾千萬兩製造銀錢局在大阪織布局在西京紡紗局在東京造紙局在東京有多處造煤氣鐙自來火廠在東西京及神戶造小木條擦火之自來火及硝礦强水各處有之又有所謂郵便局專為人寄信其價甚廉如東京本地寄信之法亦甚便捷街衢各處半里之間即豎一銕

䣛箱行舖人家先向官局買信紙收存欲致信某處某人即以此紙書之寫明送至何處投入就近䣛箱內每半个時辰局中有人來收信一次凡在附京一二十里之內頃即送到不取信力計費買紙錢五文耳又有一種書寫買賣田房文契借據等用之紙定價發舖轉賣民間立據必用此紙書寫設不用此官紙日後結訟到官不以爲據且加之罰聚斂之法可謂搜括無遺惟食鹽一宗向無稅現有爲之條陳收課者未知能行否電線局生意甚旺皆爲行戶報米糧及鈔票時價客商多以米價作空盤爲贏輸聞外縣及大市鎮皆有電線惜我中國獨無此耳

日本疆域之大日記下已略述之國中有火山故多溫泉有富士山最高山顛積雪終年不消其地近於北道箱館在橫濱之北曰北海道輪船行兩日夜可到地處苦寒八月飛雪近復設立開拓司跨海闢荒此荒島中尚有蝦夷數千人日加侵削將無噍類矣北海道外有一島蝦夷與日本人雜居去俄羅斯較近本爲日人有之名曰樺太此島早年無主有謂係中國者誠不然也俄羅斯欲得此島而以附近之千島與日本易換樺太此五年前事也申報中有此一節云日本人謂俄之界石非釘於土乃載於車上隨處可以安置此日人不願之心已形於外無可如何耳但俄人據有此島始言欲爲屯兵泊船之所繼言

流放罪人總之去中國近不可以不知之至朝鮮距日本咫尺日人心焉不忘此亦我中國事尤不可以不知也

日本山水秀麗參天合抱古木極多城市山林隨在皆可游玩西京四面皆山名園古剎處處皆是東京城外有東西叡山上野小西湖愛宕山各名勝每一登臨輙戀戀不忍去日人又善於點綴雖山徑紆迴亦平治整潔上下多設茶棚叡山則東西相對中間坦道歧分山顛山脚密樹濃陰之下俱設靠背長椅俾游人憩息花園尤多雖無亭臺之勝而幽雅宜人民居皆有樓而不甚高以國有火山恒多地震人家皆入門三數尺即庋尺餘高地板客至此脫屨而入或平屋或層樓皆於板上鋪席

席上施氈席地以坐主婦奉茶杯壺極小又一木提盒中有炭爐以淡巴菰短竹烟筒進客其坐乃以臀坐於兩脚根上古人所謂長跪者似卽此入坐必磕頭至地客退亦然

民風儉樸崇信佛教早年自死牛馬亦不敢食三餐米飯惟啖醃蘿蔔或以生魚片拌醬醋或炙海蝦小魚悶雞蛋此外不知烹調亦未有輕宰雞鴨者海味魚翅海參鰒魚之類皆售於中國本國無食者國中以鱉爲最貴之品鰻魚次之淡水魚以西京琵琶湖者爲最通國中無豢豕之家早年祇長崎一埠有華人售猪肉近則通商碼頭皆有猪牛肉國人亦習而效之喜食西饌牛肉而飲洋酒人掛一時辰表民風日見奢華男女皆曳

木屐其屐但木底一片前穿一繩後無挽絆足趾曳之而行女子梳平髻不纏足不穿耳不用金銀簪飾亦無手釧但插龍眼核大珊瑚珠一顆玳瑁梳一把梳價色白而明亮者貴至五六十元云亦一時之嗜好女子有夫即染黑其齒生子即剃其眉殊不雅觀俗好潔男女日必一浴室內無纖塵尤喜花木極小天井之中無不蒔花種樹稍大則開池畜魚架以拳石比戶皆然街市亦復潔淨鋪戶居民日必潑水兩次大小便皆有一定之處從無堆積垃圾污穢男婦嬉嬉無疾言怒色余小住月餘日游街市未有見詈罵鬪毆者一日閒談及之友人曰我輩住此十餘年亦未見過想君見慣反以不見爲怪耳又一友曰君

見丐者否恐又以久不見此爲怪矣兩京各處妓女極多妓亦有稅日官筵宴多呼以賄觴名曰歌妓青藍衣者年稍長歌而不舞雛妓則著紅衣衣皆曳地尺餘舞時長袖翩翩霓裳羽衣或即如是其陋俗則男女皆不著褌圍以幅布尤陋者男女同浴叔伯兄妹爲婚夏日船戸車夫上下裸體以布一條自前兜至尻後逐逐往來不以爲恥此數者誠不免爲夷狄矣

日本男婦皆寛衣博袖男子將額上之髮剃至頂心如瓜瓣形而頂心挽一小髻明治新政服飾皆改西裝民間不能盡從以西裝衣褲革靴價皆昂貴故現在日人裝束種種不同有一仍其舊者此敦古守常之士與務農力穡之人此外浮浪輩則有

翦髪而脚拖木屐者有革靴而不翦髪者有翦髪著靴而東服者有西服而不翦髪者譏之者曰東頭西脚西頭東脚不成東西女子則裝仍如昔聞王后與命婦皆已易服但未之見耳

日本歷法向同中國明治新政並歷法改之如西洋之不置閏新歷雖頒民皆不便以農圃樹藝往昔俱按節序布種今則不知節序於何時故今之日本歷内仍有中法節令而民間歲時伏臘仍多循舊古人云法不甚敝不可輕改吾不知其二千餘年之歷法有何敝壞而輕改之也

日本向崇佛法次則曰大神而於天主教之禁最嚴乃自西人通商以來不數年間天主耶穌教堂徧處皆是入教之人甚多

恐再數十年通國之人非天主而即耶穌不復知有釋教論者謂東人之性好惡不常如早年忽喜畜兔一兔之價貴至數十圓忽喜金魚一魚之值數餅率之不久而皆厭棄之矣

日本雞犬甚少雞卵一枚售錢二十多從上海販去雞鳴犬吠相聞之語日本無之農人治田頗勤稻麥俱分行而種每一行之兩邊皆挖八九寸深溝即以溝土覆於稻麥之根溝內可以畜水如中國古時代田之法國中多山而少平壤故沿海山上多墾梯田平地田土質鬆有如中國北方沙地以馬耕者國中有馬而無驢騾多以牛負重致遠園蔬瓜豆略如中國惜其不知烹飪但知醃食大阪橘子頗佳勝於中國閩產者與江西南

豐蜜橘相似核少而絡甜也

早年日本男子皆佩雙刀中國呼爲倭刀有極好極貴者一刀之値數百金近以禁止佩帶所有好刀俱爲西人購去昔尙擊劍近亦禁止今尙有木劍竹槍相擊刺而賣藝者門前植杆懸丈餘花布旗大書勸進元三字進觀者給以二十文上海申報謂不逞之徒設立教戰會官不能禁實卽此也工匠車夫多著印花布短衣各有字號更有於肘背刺天神鳥獸花紋者卽斷髮文身之流亞現亦禁之又有於室中設大小弓矢或小火槍而以少婦招引遊人入內射擊以倖利亦非習武也

店鋪招牌皆書漢字但所書之字不知所賣何物望而知之者

惟書舖牛肉舖則於門前高竿懸旗書官許宰牛四字猪肉舖書唐法二字剃頭舖曰理髮處散髮處西洋鉗髮所最可笑者有一剃店橫額大書曰斬頭處蓋其不知斬字之義耳

日人崇尚釋教死後不論男婦皆剃髮以桶殮之將人跪於桶內蓋如生人之坐也葬地不大亦不論風水每一梵刹後園中葬墳無數皆有石碣子孫月常省墓必以水洗碑插鮮花爲供亦可爲孝思矣

中國人在彼欲娶婦者相定一女議明月給洋數元卽以爲婦如帶回中國須具呈日官給照方准出口或男不願帶歸或女不願去國則將所生子女携回聽婦另醮故中人之在彼而無

子者多作還櫝留珠之謀也

日官決囚可以隨意處死早年朱益甫觀察在彼被竊箱籠兵庫縣獲犯擬大辟者三人向例須事主同視行刑時觀察已回中國在彼友人不肯往視少頃哄傳三犯僅戮其一因劊徒決不如法連砍數刀頸尚未斷故將餘二犯帶回改日以槍擊殺之夫以一竊案縱使逾貫而擬辟者至三人可見其用刑之峻所以民多畏法而醕良正所謂辟以止辟火烈而民畏也吾尤多其於客官被竊略不廻護而儘法以懲治之我中國辦理交涉之案如能不存軒輊一秉至公據理而論亦未嘗不可以服遠人何至多生齟齬也

日本原遵儒教其東京及長崎地方均有
至聖先師孔子廟現由我駐日公使與領事官春秋致祭博覽
會中亦有懸挂
大成殿正位配位哲位各圖像中國言秦始皇命徐福將童男
女五百人入海求仙福至海上仙不可得懼不敢歸因止此島
以童男女配合生人是爲日本之祖此誠不然秦始皇至今才
二千一百餘年而日本史記自神武開國歷今二千五百四十
年計徐福至彼已在神武立國四百年之後今日本南海道紀
伊國有徐福祠墓是君房之留住彼處事當不誣童男女之配
合孳生日久年湮早與土人無異莫可究問即明末有浙江慈

谿朱姓避亂往彼今亦莫知其子孫惟文字之同或由於君房始迨至漢魏時則與中國通隋唐之世又數遣人入中國受學故可謂之書同文然國中書籍千百種中多夾以倭字文義顛倒不可句讀乾嘉間其山陽道有賴子成名襄者著有日本政紀日本外史等書中無倭字倭音議論亦復宏博著作之家當首屈一指今日本人呼之爲賴山陽者是也大阪府有天滿宮所祀之神曰管原氏言爲世掌文教者如中國之文廟云

明治卽位之初內大臣德川慶喜梗議不獻封地踞大阪府以叛久始歸順七年又有江藤新平之亂雖卽剿平已多糜軍餉臺灣生番之役前太政大臣大久保主之實欲啟釁於中國後

見我兵雲集始肯就撫聞其軍需實費一千零五十餘萬時同主臺事有陸軍大將西鄉隆盛者與大久保同爲薩摩人幼相友善長復同朝臺事既定隆盛議攻朝鮮大久保抑之隆盛辭職歸招集私黨以清君側減賦爲名據鹿兒島作亂屢敗官軍聲勢頗盛日廷悉力討之八閲月始定糜餉五千餘萬國用益不能支後年餘大久保卒爲人刺死議者皆以爲隆盛餘黨之所爲當日兵犯臺時日人以無故興戎恐至招禍皆惴惴生畏迨大久保至我京都就撫而回始舉國稱慶謂中國再四議和誇耀於各國公使之前卽有西人繪中國衣冠者一人手持一大金錢高坐於上下跪一人作乞錢狀印爲新聞紙出賣日人

多購閱之傳以爲笑日本今日之貧固由於改效西法亦半由於節次之軍需也

日本城市各處皆設有巡捕房名曰警察署巡捕多名按段稽查彈壓故無鬭毆滋事之人一日見對戶門前有男婦相紐結男子欲走婦人極力阻之而皆默不一語路人亦無立觀者久之男子臥地又來一婦人同拉進屋余不解其故詢之友人知男女爲夫婦男子酒醉婦人恐其出外滋事是以阻之若相聲喊則巡捕以犯規解送公署是以不敢聲張也於此可見立法之嚴民情之馴若在我中國早兩相交謫觀者如堵矣余嘗謂西洋巡捕之設實有益於地方惜我中國不能仿行果試辦之

即捐費於居民鋪戶諒亦樂從但恐無此實心任事之人立法不善百弊叢生反爲民害也

日本山水最佳之處名曰日光山距東京一百餘中里上年美國前統領游歷日本曾至此處今我中國人之在日本出游者祇能於通商碼頭十里之内合中國六十六里遠處則雖請游歷之照日官亦不肯給云因日人至中國欲游内地中國官憲不准也西人之在彼請照遨遊則隨處可至且可自腹内陸路由西京直達東京惜我未能一覽其内地風景耳

日本書内所夾俄字祇四十七字四十七音我中人之久客於彼者亦但能知其大略據云不用漢書單用俄字婦女無不知

之余以其四十七字對其夾雜漢字之書讀之終不能解自非
專心習之不可耳

黄梅宛立數校字
沔陽李世勛復校